I0076105

LA PEINE DE MORT.

PROCÈS

DE

L'ÉVÉNEMENT.

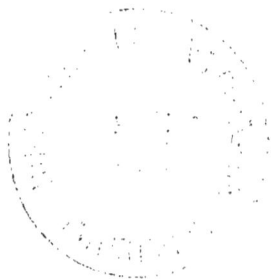

Discours

DE MM.

VICTOR HUGO ET CRÉMIEUX.

PARIS,

A LA LIBRAIRIE NOUVELLE,

15, BOULEVARD DES ITALIENS,

Maison de l'*Événement* et du *Bien-Être universel.*

1851

LA PEINE DE MORT.

PROCÈS

DE

L'ÉVÉNEMENT.

COUR D'ASSISES DE LA SEINE.

Présidence de M. PARTARRIEU-LAFOSSE.

Audience du 10 juin 1851.

Une foule considérable, qui ne s'était pas effrayée de la longueur que d'avance on pouvait assigner aux débats, assiégeait de bonne heure les portes de la Cour d'assises. Ce n'est qu'à grand'peine que les journalistes, arrivés avant l'heure de l'ouverture de l'audience, peuvent parvenir au banc qui leur est destiné.

Au moment où les portes sont ouvertes, un flot d'avocats se précipite dans la salle, escaladant la barre du prétoire, enjambant par-dessus les dames, qui déjà ont trouvé place sur des banquettes. Il y a un curieux spectacle de robes noires grimpant les restera comme un des cris les plus sublimes du cœur humain et du cœur paternel.

M. Crémieux, stimulé par l'enthousiasme qu'a soulevé dans la foule qui encombrait les assises son illustre collègue, s'est élevé, de son côté, à la plus haute et à la plus pathétique éloquence. Il a parlé à la fois en orateur puissant et en avocat habile, et il a admirablement traduit et exprimé dans son discours la sympathie publique dont est entouré le jeune et généreux écrivain, M. Charles Hugo, qu'une condamnation rigoureuse ne fera que confirmer dans ses convictions humaines et démocratiques.

Cette affaire mémorable aura fait faire un grand pas à la question humaine. A dater de ce jour, on peut le dire, la peine de mort est abolie dans la conscience universelle.

Nous mettons les pièces de ce grand procès sous les yeux du peuple.

LES ÉDITEURS.

L'abolition de la peine de mort, c'est une des formes les plus saintes de la cause du peuple.

Cette cause vient d'être admirablement plaidée et gagnée.

Deux choses donnent au procès de l'*Événement* l'intérêt le plus durable et le plus profond : Victor Hugo combattant la peine de mort chez elle, au Palais de Justice, dans la Cour d'assises, et Victor Hugo défendant son fils.

La magnifique improvisation du grand orateur

PARIS. — IMPRIMERIE SCHNEIDER, RUE D'ERFURTH, 1.

unes par-dessus les autres, se culbutant, se renversant. En un instant, la salle est complétement envahie, et la force publique, intervenant un peu tardivement, parvient à couper le flot envahisseur, et s'écrie, par l'organe d'un garde préposé à la porte d'entrée : « Ze zerait lé brézitent de la Rébiplique qu'il n'endrerait blus. »

En effet, un grand nombre de personnes qui arrivent munies de billets se voient refuser la porte ; les prévenus eux-mêmes ne pénètrent pas sans difficulté. Plusieurs représentants, parmi lesquels se trouve M. Émile de Girardin, ne parviennent que longtemps après leur entrée à trouver un siége.

L'audience est ouverte à onze heures.

M. LE PRÉSIDENT : Il y a sur les bancs reculés des avocats, et, d'un autre côté, beaucoup de dames restent debout. MM. les avocats doivent comprendre qu'il convient de céder leur place aux dames.

MM. les avocats quittent, non sans quelque difficulté, la place qu'ils occupaient.

M. le président charge ensuite les sergents de ville de veiller attentivement au maintien du silence dans l'auditoire. Il leur enjoint d'apporter à l'exercice de la mission dont ils sont chargés autant de politesse que de fermeté.

On appelle d'abord l'affaire du *Messager de l'Assemblée*, qui dure jusqu'à quatre heures.

Puis l'huissier appelle l'affaire de l'*Événement*.

M. Victor Hugo vient prendre place au banc de la défense avec Mᵉ Crémieux.

M. le président adresse aux deux prévenus, MM. Erdan et Charles Hugo, les questions d'usage sur leurs noms, qualités, âge et demeure.

M. le président rappelle à Mᵉ Crémieux les dispositions de l'art. 411 du Code d'instruction criminelle.

Il s'adresse ensuite à M. Victor Hugo.

M. Victor Hugo, levez-vous. Vous nous avez demandé la permission de défendre votre fils ; nous vous l'avons accordée (1). Nous devons vous rappeler que vous ne devez vous écarter en rien du respect dû aux lois, de la décence et de la modération.

M. le greffier Commerson donne lecture de l'acte d'accusation et de l'arrêt de renvoi, par suite desquels MM. Erdan et Charles Hugo sont renvoyés devant la cour d'assises, à raison de la publication, dans l'*Événement*, d'un article intitulé : *Exécution de Montcharmont*, et signé Charles Hugo.

(1) Il est bon que le public connaisse les termes dans lesquels cette *permission* a été *accordée*. M. Victor Hugo, pour se conformer à la loi, avait écrit à M. le président de la Cour d'assises :

« Monsieur le président,

« Mon fils, Charles Hugo, est cité à comparaître, mardi, 10 juin, devant « la Cour d'assises, présidée par vous, sous l'inculpation d'attaque au res-« pect dû aux lois, à propos d'un article sur l'exécution du condamné « Montcharmont.

« M. Erdan, gérant de l'*Événement*, est assigné en même temps que « mon fils.

« M. Erdan a choisi pour avocat M. Crémieux.

« Mon fils désire être défendu par moi, et je désire le défendre.

« Aux termes de l'article 295 du Code d'instruction criminelle, *j'ai* « *l'honneur* de vous en demander l'autorisation.

« Recevez, monsieur le président, l'assurance de ma *considération dis-« tinguée.*   Victor Hugo.

        « 5 juin 1851. »

Voici maintenant dans quelles formes étranges M. Partarrieu-Lafosse, président des assises, a annoncé à un père (et quel père !) qu'aux termes de la loi il lui accordait l'autorisation de défendre son fils :

                                « Palais de Justice, 7 juin 1851.
        « Monsieur,

« En réponse à la demande que *vous m'avez adressée, je vous préviens* « *que je vous accorde* la permission de défendre votre fils.
                        « Le président de la Cour d'assises,
                                « Partarrieu-Lafosse. »

Cette réponse, publiée par les journaux, ayant trouvé beaucoup d'incrédules, l'original est déposé aux bureaux de l'*Événement* ; elle a étonné les représentants de la majorité eux-mêmes. Un d'eux disait, après l'avoir lue : *C'est du laconisme, et ce laconisme est d'autant plus remarquable, qu'il ne vient pas d'un Spartiate.*

M. Erdan est prévenu de s'être rendu coupable du délit d'attaque au respect dû aux lois en insérant cet article.

M. Charles Hugo, auteur de l'article, est prévenu de s'être rendu complice du délit en fournissant à M. Erdan les moyens de le commettre.

M. ERDAN, sur la demande de M. le président, reconnaît l'article et en accepte la responsabilité.

M. LE PRÉSIDENT : Erdan, avez-vous quelques observations à faire avant que la parole ne soit donnée à M. l'avocat général ?

M. ERDAN : Une seule. J'ai accepté la responsabilité de l'article de M. Charles Hugo comme gérant du journal ; mais je n'ai pas entendu contre-signer une attaque contre l'application d'une loi en vigueur ; j'ai entendu contre-signer seulement une critique générale contre la peine de mort.

M. LE PRÉSIDENT : Et vous, Charles Hugo, avez-vous quelques observations à faire ?

M. CHARLES HUGO : Aucune, monsieur le président.

M. LE PRÉSIDENT : Nous renvoyons l'audience à demain matin, dix heures précises, pour entendre le réquisitoire de M. l'avocat général et la défense des accusés.

Il est quatre heures et demie ; l'audience est levée.

Audience du 11 juin 1851.

La foule n'est pas moins considérable qu'hier aux abords de la salle des assises ; mais les avenues sont gardées par des factionnaires qui ne laissent passer que les personnes munies de billets. Il y a dans l'enceinte un grand nombre d'avocats en robe qui ont été introduits par groupe, de manière à éviter le renouvellement des scènes d'irruption qui ont précédé hier l'ouverture de l'audience. Un officier de paix, M. Macé, a été appelé ce matin au Palais de Justice, et est chargé du service d'ordre. Grâce à ses soins intelligents, la salle se garnit sans tumulte, et chaque place conserve sa destination, si ce n'est toutefois le banc des accusés, sur lequel se serre, dans toute la longueur, une double rangée d'avocats.

L'audience est ouverte à dix heures et quart.

M. LE PRÉSIDENT : La parole est au ministère public.

M. L'AVOCAT GÉNÉRAL SUIN : Messieurs de la cour, messieurs les jurés, c'est encore une affaire de presse que nous avons l'honneur de vous soumettre aujourd'hui ; mais ce n'est plus une affaire politique; nous protestons, au contraire, contre toute intention politique dans la poursuite dirigée contre l'auteur de l'article signé Charles Hugo. Nous ne le connaissons pas comme écrivain, et le peu d'articles politiques que ce procès nous a donné l'occasion de lire de lui, — tout en nous laissant des opinions contraires aux siennes, — n'a ajouté aucune ardeur au devoir que nous devons toujours exercer avec modération.

Il s'agit de discussion sur la peine de mort. En pareille matière, il ne peut y avoir d'adversaires; on ne doit rencontrer que des nuances, des différences d'opinion. Nous dirons même que nous ne voyons pas sans intérêt un homme se livrer à ces hautes études, au risque d'éveiller par imprudence, par imprévoyance, la vigilance des magistrats chargés de faire respecter la justice et la loi, pourvu toutefois que cet homme conserve le respect que l'on doit toujours garder dans la discussion vis-à-vis des hommes auxquels la société a confié d'importantes missions, et qui s'en acquittent avec conscience.

C'est à propos d'un article sur l'illégitimité de la peine de mort que la poursuite est dirigée pour attaques contre le respect dû aux lois. La poursuite a pu causer quelque étonnement.

On a pu se demander si des limites nouvelles allaient être apportées à la discussion sur la réforme dont nos lois sont susceptibles. La défense ne manquera même pas de soutenir que la discussion peut s'étendre jusqu'au point où elle l'a portée. Depuis quand, dira t-elle sans doute, les lois ne sont-elles plus perfectibles comme cette pauvre humanité elle-même ? Nos lois sont susceptibles de perfectionnement; ce n'est pas là ce que nous contestons. Nous ne sommes pas chez les Locriens, chez ce peuple de l'antiquité où celui qui proposait de réformer une loi devait se présenter la corde au cou sur la place publique. Nous sommes en France, où la loi a déjà reçu bien des perfectionnements; où, nous en avons la douce espérance, elle en recevra encore.

Nous dirons que la discussion des réformes qui peuvent être apportées à notre Code pénal est chose permise. Nous dirons qu'il y a des améliorations à apporter. Nous sommes les premiers à le proclamer. Que la défense désarme donc sur ce point, si elle s'y est fortifiée. Nous dirons à la défense : Renouvelez, si vous voulez, ce grand débat qui a partagé les penseurs et les philosophes; mais, pour nous, nous pensons que la discussion est inutile sur ce point, que les idées sont faites, la cause gagnée.

Cette concession devrait couper court à des déclamations, ou plutôt, car je ne veux pas employer ce mot, qui pourrait blesser, aux développements oratoires auxquels la défense croira devoir se livrer.

Nous dirons aux prévenus, nous dirons à la presse tout entière : Critiquez, mais n'outragez pas la loi. N'allez pas flétrir la loi dans ceux qui la représentent, dans la personne de ceux qui ont pour mission de la faire exécuter et de la faire respecter; n'allez pas la flétrir dans le respect que d'autres que vous lui portent. Si vous n'avez pas de respect pour la loi, ne l'attaquez pas dans le respect dont elle est l'objet de la part des autres. Nous ne pouvons vous contraindre au respect de la loi, nous ne pouvons vous contraindre qu'à la soumission à la loi.

Pardon, messieurs, de la répétition de ce mot de *respect*, mais c'est le terme légal, et il faut que je vous donne, messieurs les jurés, connaissance de l'article qui punit le manque de respect dû à la loi.

On voudra peut-être vous entretenir de la thèse philosophique si vaste de l'abolition de la peine de mort; quant à nous, nous n'entrerons pas dans cette digression; nous sommes ici dans le temple où l'on respecte les lois, et non dans le temple où on les fait.

Cependant nous voulons vous présenter une esquisse des phases diverses que suivit la peine de mort.

M. l'avocat général fait un historique assez développé de la peine de mort, qui, dit-il d'abord, exista chez tous les peuples et dans tous les temps. Il rappelle que, depuis 1789, les diverses assemblées, les divers pouvoirs qui se sont succédé ont eu, sur les réclamations de nombreux philosophes, de législateurs, de criminalistes distingués, à s'occuper de cette peine. Les circonstances n'ont pas, à ces différentes époques, paru favorables à l'abolition de la peine capitale ; mais, chaque fois que le législateur a touché à cette question, la peine de mort a été successivement restreinte à des cas de moins en moins nombreux. En un mot, la peine de mort s'abolit graduellement.

En 1848, continue M. l'avocat général, la peine de mort fut abolie entièrement en matière politique; honneur au gouvernement provisoire ! où ne manquaient pas, certes, les philosophes, les philanthropes, et des hommes à jamais respectés et respectables !

A l'Assemblée constituante, lors de la discussion de la Constitution, l'abolition complète de la peine de mort fut demandée; des publicistes, des philanthropes, des législateurs, la réclamaient : M. Victor Hugo disait, à cette occasion :

« Je regrette que cette question, la première de toutes peut-être, arrive au milieu de vos délibérations presque à l'improviste, et surprenne les orateurs non préparés.

« Quant à moi, je dirai peu de mots, mais ils partiront du sentiment d'une conviction profonde et ancienne.

« Vous venez de consacrer l'inviolabilité du domicile, nous vous demandons de consacrer une inviolabilité plus haute et plus sainte encore : l'inviolabilité de la vie humaine.

« Messieurs, une Constitution, et surtout une Constitution faite par la France et pour la France, est nécessairement un pas dans la civilisation. Si elle n'est point un pas dans la civilisation, elle n'est rien.

« Eh bien! songez-y, qu'est-ce que la peine de mort? La peine de mort est le signe spécial et éternel de la barbarie. Partout où la peine de mort est prodiguée, la barbarie domine; partout où la peine de mort est rare, la civilisation règne. (Sensation.)

« Messieurs, ce sont là des faits incontestables. L'adoucissement de la pénalité est un grand et sérieux progrès. Le dix-huitième siècle, — c'est là une partie de sa gloire, — a aboli la torture ; le dix-neuvième abolira la peine de mort.

« Vous ne l'abolirez pas peut-être aujourd'hui ; mais, n'en doutez pas, demain vous l'abolirez, ou vos successeurs l'aboliront.

« Vous avez écrit en tête du préambule de votre Constitution : « En présence de Dieu, » et vous commenceriez par lui dérober, à ce Dieu, ce droit qui n'appartient qu'à lui, le droit de vie et de mort !

« Messieurs, il y a trois choses qui sont à Dieu et qui n'appartiennent pas à l'homme : l'irrévocable, l'irréparable, l'indissoluble. Malheur à l'homme s'il les introduit dans ses lois ! Tôt ou tard elles font plier la société sous leur poids ; elles dérangent l'équilibre nécessaire des lois et des mœurs ; elles ôtent à la justice humaine ses proportions, et alors il arrive ceci, réfléchissez-y, messieurs, que la loi épouvante la conscience.

« Je suis monté à cette tribune pour vous dire un seul mot, un mot décisif, selon moi ; ce mot, le voici :

« Après Février, le peuple eut une grande pensée : le lendemain du jour où il avait brûlé le trône, il voulut brûler l'échafaud.

« Ceux qui agissaient sur son esprit alors ne furent pas, je le regrette profondément, à la hauteur de son grand cœur. On l'empêcha d'exécuter cette idée sublime.

« Eh bien ! dans le premier article de la Constitution que vous votez, vous venez de consacrer la première pensée du peuple : vous avez renversé le trône. Maintenant consacrez l'autre : renversez l'échafaud !

« Je vote l'abolition pure, simple et définitive de la peine de mort. » (Marques de vive adhésion dans l'auditoire.)

Je dirai, avec M. Victor Hugo, la peine de mort ne sera pas abolie encore ; et, en effet, 498 voix contre 216 prononcèrent le maintien de la peine capitale.

Eh bien ! messieurs, lorsqu'aujourd'hui on attaque l'application de la peine de mort, on s'attaque au jury, qui seul peut la prononcer.

Vous attaquez la peine de mort, donc vous attaquez la société, c'est-à-dire le jury qui représente la société, et qui est toujours maître de refuser la peine de mort, en mitigeant son verdict de : « *par des circonstances atténuantes.* »

C'est ce que j'aurai l'honneur de vous démontrer plus tard, lorsque je vous donnerai connaissance de l'article qui motive les poursuites.

Mais, auparavant, je dois vous rappeler dans quelles circonstances cet article s'est produit.

M. l'avocat général rappelle tous les détails du procès Montcharmont, et, après avoir protesté de l'émotion qu'il éprouve chaque fois qu'il est obligé de requérir la peine de mort, après avoir déclaré que jamais ses regards n'ont pu soutenir le spectacle d'une exécution capitale, il lit une lettre de M. le procureur général de Saône-et-Loire, où il est rendu un compte officiel de la manière dont l'exécution s'est accomplie.

Ce rapport, dit M. l'avocat général, qui réduit considérablement les faits, n'en rappelle pas moins une scène déplorable. Est-ce un motif pour insulter tous les organes de cette loi? Saisissez, à l'occasion de cette exécution, l'Assemblée ; proposez-lui l'abolition complète de la peine de mort ; mais, quand la loi a consacré une application pénale, ne venez pas, directement ou indirectement, insulter tous ceux qui ont pris part à l'exécution de la loi.

Vous connaissez, messieurs, mes intentions ; vous savez sur quel terrain je me circonscris ; il y a une loi, une décision que la loi a consacrée. Le jury a prononcé, on a voulu flétrir la loi et ceux qui la respectent. On a voulu flétrir le jury, les magistrats. (Dénégations au banc des accusés.)

Pour qui la sympathie du journal *l'Événement* est-elle acquise? Ces malheureux gendarmes, à qui une si difficile mission était imposée, et tous ceux qui concouraient à cette exécution où se produisaient tant d'émotions, ne méritaient-ils pas qu'on s'apitoyât sur eux ? Non ; la malédiction du journal est pour la loi. pour ses organes, pour ses agents ; la malédiction, elle fut pour les magistrats ; non pour vous-mêmes, messieurs. mais pour vos collègues.

M. l'avocat général soutient qu'il y a de la part de l'*Événement* un système arrêté de donner raison à tous les grands criminels contre la loi. On a des sympathies injustifiables pour les criminels, et des accusations pour la société.

L'organe du ministère public appuie son raisonnement à cet égard sur deux articles de l'*Événement* relatifs à l'assassin de M. Poirier-Desfontaines et à Lafourcade. Il rectifie quelques détails et en ajoute de nature à rembrunir la physionomie de ces deux criminels.

M. l'avocat général lit ensuite l'article incriminé (1).

(1) Nous craignons de subir un nouveau procès en reproduisant l'article après que l'arrêt en a ordonné la suppression. Telle est aujourd'hui la liberté de la presse, que notre avocat, M⁰ Crémieux, nous a conseillé de ne pas reproduire l'article, même en le plaçant, aux débats, dans la bouche de l'avocat général.

. . . .

. . . .

. . . .

. . . .

. . . .

. . . .

. . . .

. . . .

. . . .

. . . .

. . . .

. . . .

J'ai lu, après cet article, la loi de mon pays, que j'aime; j'ai
lu sa loi, que je respecte; et, au nom de la magistrature, au

nom de mon pays, au nom du jury, j'ai le droit de protester contre un pareil langage.

Je dis que vous avez outragé la loi, que vous l'avez flétrie, et surtout en personnifiant, en attaquant tous ceux qui, par un moyen quelconque, ont concouru à conduire cet homme à la position extrême où vous l'avez prise. Lorsqu'on ne respecte pas, on se tait; il y a des choses sur lesquelles il faut se taire.

Quant à cette société, que vous avez mise en cause, elle a été représentée par des hommes honnêtes, consciencieux, qui ne doivent compte qu'à Dieu et à eux-mêmes de la mission qu'ils ont remplie avec l'impartialité et la fermeté qui président toujours aux actes du jury.

Maintenant, voyons combien on a exagéré, inventé, pour éveiller une horreur qui existait dans tous les cœurs généreux.

« La loi s'est colletée avec le crime. » La loi! elle est impassible; ce qui est odieux, c'est la révolte contre la loi; mais vous voulez nous représenter la loi comme se colletant pour la faire mépriser. Quand vous dites : « Partisans de la peine de mort, quel était votre but, etc., » à qui vous êtes-vous adressé? Évidemment à la magistrature, au jury. (Marques de dénégation au banc des accusés.)

M. l'avocat général, après avoir insisté sur cette idée, continue ainsi :

Il y a encore dans le numéro du lendemain une assimilation repoussante, on lit : « ... Seulement, il manquerait quelque chose aux débats, si c'était M. l'avocat général ordinaire qui occupât le siège du ministère public; nous demanderions à l'honorable M. Suin de céder, pour cette fois, la parole à notre seul adversaire : le véritable avocat du gouvernement, dans un tel procès, c'est le bourreau! »

Oui! je le dis bien haut, cette assimilation est blessante; je ne suis pas le bourreau; vous outragez la loi de votre pays, vous outragez la magistrature, vous m'outragez. Je suis un homme, j'ai mon cœur et ma fierté; mais en même temps je suis un citoyen et un magistrat, et si vous ne voulez me respecter, taisez-vous; n'attaquez pas le respect que les autres professent pour la loi, qui est le soutien de mon pays, le soutien de la société, et ne vous rendez pas doublement coupable par un article qui paraît le lendemain et constitue une véritable récidive.

Je suis la loi en personne, comme le jury est la loi. Respectez-nous. Et, soyez-en sûrs, avec le langage que vous employez, vous feriez plutôt reculer la civilisation.

Vous avez un coreligionnaire bien digne et bien au-dessus de vous, vous le reconnaîtrez. M. de Lamartine commençait en ces termes un discours où il demandait l'abolition de la peine de mort. Il sentait qu'il allait attaquer une loi de son pays, et il ne parlait qu'avec d'infinis ménagements.

« Avant que le législateur puisse formuler en loi une conviction, il est permis aux philosophes de discuter, car, si le législateur se trompe, son erreur retombe de tout son poids sur la société, et on peut tuer la société à coups de principes et de vérités, comme avec l'erreur et le crime..... Tenons compte du temps, des mœurs de la société, de ses habitudes; songeons que la société est une œuvre traditionnelle où tout se tient, sur laquelle il ne faut porter la main qu'avec scrupule et tremblement; songeons qu'une seule pierre détachée avant l'heure peut écraser la civilisation dans sa chute. Notre devoir est de signaler à la société les lois que nous croyons mauvaises, et non de les maudire; et le conseil qui enseignerait à se révolter contre elle serait moins profitable au monde que celui qui enseigne le respect et l'obéissance. »

C'est ainsi que M. de Lamartine commençait son discours; c'est ainsi que je termine le mien.

M. LE PRÉSIDENT : La parole est au défenseur de Erdan.

Mᵉ CRÉMIEUX : Je ne suis pas seulement le défenseur de Erdan; si j'étais le défenseur de Erdan, je n'aurais pas un mot à dire, car je n'ai pas même entendu prononcer son nom dans le réquisitoire, et pas un mot n'a été dit contre lui.

C'est ce qui vous explique le procès; il est tout entier dans l'article; le débat est donc entre celui qui défend l'article et celui qui l'attaque...

M. L'AVOCAT GÉNÉRAL : Voulez-vous me permettre un mot ?

Mᵉ CRÉMIEUX : Parlez, monsieur l'avocat général.

M. L'AVOCAT GÉNÉRAL SUIN : Si je n'ai rien dit de Erdan, messieurs les jurés, c'est qu'hier nous avons eu l'occasion de nous expliquer sur ce que c'était que le rédacteur et le gérant d'un journal, et comment, devant la loi, il pouvait y avoir deux coupables.

Seulement, hier, un gérant se présentait, disant : Je n'ai pas connu l'article, je ne l'ai donc inséré ni de bonne foi, ni de mauvaise foi.

Mais hier on a demandé à Erdan si c'était sciemment qu'il avait inséré l'article, il a répondu que oui, et qu'il l'avait pris sous sa responsabilité comme une critique contre la peine de mort.

Il a donc commis un délit.

Mᵉ CRÉMIEUX : Je n'ai qu'à poursuivre ma phrase, et le ministère public n'a fait que la couper par une phrase incidente. Erdan ne peut être coupable que si l'article est coupable lui-même.

Victor Hugo ne m'a demandé qu'une chose, c'est de s'asseoir à côté de moi, et d'ajouter ses observations à celles que je croirais devoir présenter dans cette cause ; mais, comme il est évident pour moi que, lorsque le père aura parlé pour le fils, lorsque Victor Hugo se sera fait entendre, il n'y aura plus rien à dire, l'article incriminé sera complétement justifié, je crois que mon rôle devient inutile : peut-être faudra-t-il que j'ajoute un mot pour le débat purement judiciaire, pour le palais, pour la procédure à laquelle Victor Hugo est étranger.

En effet, Erdan ne peut être condamné que si l'article est coupable ; et encore l'article serait coupable, qu'Erdan pourrait ne pas l'être. Mais, comme Victor Hugo démontrera que l'article n'est pas coupable, je n'aurai, messieurs les jurés, que ces mots à vous dire : Vous acquitterez Erdan.

M. LE PRÉSIDENT : La parole est au défenseur du second accusé.
M. Victor Hugo se lève.

M. VICTOR HUGO : (Profond silence.)

Messieurs les jurés, aux premières paroles que M. l'avocat général a prononcées, j'ai cru un moment qu'il allait abandonner l'accusation. Cette illusion n'a pas longtemps duré. Après avoir fait de vains efforts pour circonscrire et amoindrir le débat, le ministère public a été entraîné, par la nature même du sujet, à des développements qui ont rouvert tous les aspects de la question, et, malgré lui, la question a repris toute sa grandeur. Je ne m'en plains pas.

J'aborde immédiatement l'accusation; mais, auparavant, commençons par bien nous entendre sur un mot. Les bonnes définitions font les bonnes discussions. Ce mot : Respect dû aux lois, qui sert de base à l'accusation, quelle portée a-t-il? que signifie-t-il? quel est son vrai sens? Evidemment, et le ministère public lui-même me paraît résigné à ne point soutenir le contraire, ce mot ne peut signifier suppression, sous prétexte de respect, de la critique des lois. Ce mot signifie tout simplement respect de l'exécution des lois. Pas autre chose. Il permet la critique, il permet le blâme, même sévère, nous en voyons des exemples tous les jours, et même à l'endroit de la Constitution, qui est supérieure aux lois; ce mot permet l'invocation au pouvoir législatif pour abolir une loi dangereuse; il permet, enfin, qu'on oppose à la loi un obstacle moral, mais il ne permet pas qu'on lui oppose un obstacle matériel. Laissez exécuter une loi, même mauvaise, même injuste, même barbare, dénoncez-la à l'opinion, dénoncez-la au législateur, mais laissez-la exécuter; dites qu'elle est mauvaise, dites qu'elle est injuste, dites qu'elle est barbare, mais laissez-la exécuter. La critique, oui; la révolte, non. Voilà le vrai sens, le sens unique de ce mot : Respect des lois.

Autrement, messieurs, pesez ceci : Dans cette grave opération de l'élaboration des lois, opération qui comprend deux fonctions : la fonction de la presse, qui critique, qui conseille, qui éclaire, et la fonction du législateur, qui décide; — dans cette grave opération, dis-je, la première fonction, la critique, serait paralysée, et par contre-coup la seconde. Les lois ne seraient jamais critiquées, et, par conséquent, il n'y aurait pas de raison pour qu'elles fussent jamais améliorées, jamais réformées. L'Assemblée nationale législative serait parfaitement inutile. Il n'y aurait plus qu'à la fermer. Ce n'est pas là ce qu'on veut, je suppose. (On rit.)

Ce point éclairci, toute équivoque dissipée sur le vrai sens du mot : Respect dû aux lois, j'entre dans le vif de la question.

Messieurs les jurés, il y a, dans ce qu'on pourrait appeler le vieux Code européen, une loi que, depuis plus d'un siècle, tous les philosophes, tous les penseurs, tous les vrais hommes d'Etat, veulent effacer du livre vénérable de la législation universelle ; une loi que Beccaria a déclarée impie et que Francklin a déclarée abominable, sans qu'on ait fait de procès à Beccaria ni à Francklin ; une loi qui, pesant particulièrement sur cette portion du peuple qu'accablent encore l'ignorance et la misère, est odieuse à la démocratie, mais qui n'est pas moins repoussée par les conservateurs intelligents ; une loi dont le roi Louis-Philippe, que je ne nommerai jamais qu'avec le respect dû à la vieillesse, au malheur et à un tombeau dans l'exil, une loi dont le roi Louis-Philippe disait : *Je l'ai détestée toute ma vie* ; une loi contre laquelle M. de Broglie a écrit, contre laquelle M. Guizot a écrit ; une loi dont la Chambre des députés réclamait par acclamation l'abrogation, il y a vingt ans, au mois d'octobre 1830, et qu'à la même époque le parlement demi-sauvage d'Otahiti rayait de ses codes ; une loi que l'Assemblée de Francfort abolissait il y a trois ans, et que l'Assemblée constituante de la République romaine, il y a deux ans, presqu'à pareil jour, a déclarée abrogée *à jamais*, sur la proposition du député Charles Bonaparte ; une loi que notre Constituante de 1848 n'a maintenue qu'avec la plus douloureuse indécision et la plus poignante répugnance ; une loi qui, à l'heure où je parle, est placée sous le coup de deux propositions d'abolition, déposées sur la tribune législative ; une loi enfin dont la Toscane ne veut plus, dont la Russie ne veut plus, et dont il est temps que la France ne veuille plus ; cette loi devant laquelle la conscience humaine recule avec une anxiété chaque jour plus profonde, c'est la peine de mort.

Eh bien ! messieurs, c'est cette loi qui fait aujourd'hui ce procès ; c'est elle qui est notre adversaire. J'en suis fâché pour M. l'avocat général, mais je l'aperçois derrière lui ! (Long mouvement.)

Je l'avouerai, depuis une vingtaine d'années, je croyais, et, moi qui parle, j'en avais fait la remarque dans des pages que je pourrais vous lire, je croyais, mon Dieu ! avec M. Léon Faucher, qui, en 1836, écrivait dans un recueil, la *Revue de Paris*, ceci : je cite :

« L'échafaud n'apparaît plus sur nos places publiques qu'à de « rares intervalles, et comme un spectacle que la justice a honte « de donner. (Mouvement).

Je croyais, dis-je, que la guillotine, puisqu'il faut l'appeler par son nom, commençait à se rendre justice à elle-même, qu'elle se sentait réprouvée et qu'elle en prenait son parti. Elle avait renoncé à la place de Grève, au plein soleil, à la foule, elle ne se faisait plus crier dans les rues, elle ne se faisait plus annoncer comme un spectacle. Elle s'était mise à faire ses exemples le plus obscurément possible, au petit jour, barrière Saint-Jacques, dans un lieu désert, devant personne. Il me semblait qu'elle commençait à se cacher, et je l'avais félicitée de cette pudeur. (Nouveau mouvement.)

Eh bien ! messieurs, je me trompais ; M. Léon Faucher se trompait. (On rit.) Elle est revenue de cette fausse honte. La guillotine sent qu'elle est une institution sociale, comme on parle aujourd'hui. Et qui sait ? peut-être même rêve-t-elle, elle aussi, sa restauration. (On rit.)

La barrière Saint-Jacques, c'est la déchéance. Peut-être allons-nous la voir un de ces jours reparaître place de Grève, en plein midi, en pleine foule, avec son cortége de bourreaux, de gendarmes et de crieurs public, sous les fenêtres mêmes de l'Hôtel de Ville, du haut desquelles on a eu un jour, le 24 Février, l'insolence de la flétrir et de la mutiler !

En attendant, elle se redresse. Elle sent que la société ébranlée a besoin, pour se raffermir, comme on dit encore, de revenir à toutes les anciennes traditions, et elle est une ancienne tradition. Elle proteste contre ces déclamateurs démagogues qui s'appellent Beccaria, Vico, Filangieri, Montesquieu, Turgot, Francklin ; qui s'appellent Louis-Philippe, qui s'appellent Broglie et Guizot (on rit), et qui osent croire et dire qu'une machine à couper des têtes est de trop dans une société qui a pour livre l'Evangile! (Sensation.)

Elle s'indigne contre ces utopistes anarchiques. (On rit.) Et, le lendemain de ses journées les plus funèbres et les plus sanglantes, elle veut qu'on l'admire! Elle exige qu'on lui rende des respects! ou, sinon, elle se déclare insultée, elle se porte partie civile, et elle réclame des dommages-intérêts! (Hilarité générale et prolongée.)

M. LE PRÉSIDENT : Toute marque d'approbation est interdite, comme toute marque d'improbation. Ces rires sont inconvenants dans une telle question.

M. VICTOR HUGO, reprenant :

Elle a eu du sang, ce n'est pas assez, elle n'est pas contente, elle veut encore de l'amende et de la prison !

Messieurs les jurés, le jour où l'on a apporté chez moi pour mon fils ce papier timbré, cette assignation pour cet inqualifiable procès, — nous voyons des choses bien étranges dans ce temps-ci, et l'on devrait y être accoutumé, — eh bien, vous l'avouerai-je, j'ai été frappé de stupeur, je me suis dit :

Quoi ! Est-ce donc là que nous en sommes?

Quoi ! à force d'empiétements sur le bon sens, sur la raison, sur la liberté de pensée, sur le droit naturel, nous en serions là, qu'on viendrait nous demander, non pas seulement le respect matériel, celui-là n'est pas contesté, nous le devons, nous l'accordons, mais le respect moral, pour ces pénalités qui ouvrent des abîmes dans les consciences, qui font pâlir quiconque pense, que la religion abhorre, *abhorret à sanguine;* pour ces pénalités qui osent être irréparables, sachant qu'elles peuvent être aveugles; pour ces pénalités qui trempent leur doigt dans le sang humain, pour écrire ce commandement : Tu ne tueras pas ! pour ces pénalités impies qui font douter de l'humanité quand elles frappent le coupable, et qui font douter de Dieu quand elles frappent l'innocent! Non ! non ! non ! nous n'en sommes pas là ! non ! (Vive et universelle sensation.)

Car, et puisque j'y suis amené il faut bien vous le dire, messieurs les jurés, et vous allez comprendre combien devait être profonde mon émotion, le vrai coupable dans cette affaire, s'il y a un coupable, ce n'est pas mon fils, c'est moi. (Mouvement prolongé.)

Le vrai coupable, j'y insiste, c'est moi, moi qui, depuis vingt-cinq ans, ai combattu sous toutes les formes les pénalités irréparables! Moi qui, depuis vingt-cinq ans, ai défendu en toute occasion l'inviolabilité de la vie humaine!

Ce crime, défendre l'inviolabilité de la vie humaine, je l'ai commis bien avant mon fils, bien plus que mon fils. Je me dénonce, monsieur l'avocat général! Je l'ai commis avec toutes les circonstances aggravantes, avec préméditation, avec ténacité, avec récidive! (Nouveau mouvement.)

Oui, je le déclare, ce reste des pénalités sauvages, cette vieille et inintelligente loi du talion, cette loi du sang pour le sang, je l'ai combattue toute ma vie, — toute ma vie, messieurs les jurés! — et tant qu'il me restera un souffle dans la poitrine, je la combattrai, de tous mes efforts comme écrivain, de tous mes actes et de tous mes votes comme législateur, je le déclare (M. Victor Hugo étend le bras et montre le Christ qui est au fond de la salle, au-dessus du tribunal) devant cette victime de la peine de mort qui est là, qui nous regarde et qui nous entend! Je le jure devant ce gibet, où, il y a deux mille ans, pour l'éternel enseignement des générations, la loi humaine a cloué la loi divine! (Profonde et inexprimable émotion.)

Ce que mon fils a écrit, il l'a écrit, je le répète, parce que je le lui ai inspiré dès l'enfance, parce qu'en même temps qu'il est mon fils selon le sang, il est mon fils selon l'esprit, parce qu'il veut continuer la tradition de son père. Continuer la tradition de son père! Voilà un étrange délit, et pour lequel j'admire qu'on soit poursuivi! Il était réservé aux défenseurs exclusifs de la famille de nous faire voir cette nouveauté! (On rit.)

Messieurs, j'avoue que l'accusation en présence de laquelle nous sommes me confond.

Comment! une loi serait funeste, elle donnerait à la foule des spectacles immoraux, dangereux, dégradants, féroces; elle tendrait à rendre le peuple cruel, à de certains jours elle aurait des effets horribles, et les effets horribles que produirait cette loi, il serait interdit de les signaler! Et cela s'appellerait lui manquer de respect! Et l'on en serait comptable devant la justice! Et il y aurait tant d'amende et tant de prison! Mais alors, c'est bien! Fermons la Chambre, fermons les écoles, il n'y a plus de progrès possible, appelons-nous le Mogol ou le Thibet, nous ne sommes plus une nation civilisée! Oui, ce sera plus tôt fait, dites-nous que nous sommes en Asie, qu'il y a eu autrefois un pays qu'on appelait la France, mais que ce pays-là n'existe plus, et que vous l'avez remplacé par quelque chose qui n'est plus la monarchie, j'en conviens, mais qui n'est certes pas la République! (Nouveaux rires.)

M. LE PRÉSIDENT : Je renouvelle mon observation. Je rappelle l'auditoire au silence; autrement, je serai forcé de faire évacuer la salle.

M. VICTOR HUGO, poursuivant :

Mais voyons, appliquons aux faits, rapprochons des réalités la phraséologie de l'accusation.

Messieurs les jurés, en Espagne, l'inquisition a été la loi. Eh bien! il faut bien le dire, on a manqué de respect à l'inquisition. En France, la torture a été la loi. Eh bien! il faut bien vous le dire encore, on a manqué de respect à la torture. Le poing coupé a été la loi; on a manqué... — j'ai manqué de respect au couperet! Le fer rouge a été la loi, on a manqué de respect au fer rouge. La guillotine est la loi. Eh bien! c'est vrai, j'en conviens, on manque de respect à la guillotine. (Mouvement.)

Savez-vous pourquoi, monsieur l'avocat général? Je vais vous le dire. C'est parce qu'on veut jeter la guillotine dans ce gouffre d'exécration où sont déjà tombés, aux applaudissements du genre humain, le fer rouge, le poing coupé, la torture et l'inquisition! C'est parce qu'on veut faire disparaître de l'auguste et lumineux sanctuaire de la justice cette figure sinistre qui suffit pour le remplir d'horreur et d'ombre : le bourreau! (Profonde sensation.)

Ah! et parce que nous voulons cela, nous ébranlons la société! Ah! oui, c'est vrai! nous sommes des hommes très-dangereux, nous voulons supprimer la guillotine! C'est monstrueux!

Messieurs les jurés, vous êtes les citoyens souverains d'une nation libre, et, sans dénaturer ce débat, on peut, on doit vous parler comme à des hommes politiques. Eh bien ! songez-y, et, puisque nous traversons des temps de révolutions, tirez les conséquences de ce que je vais vous dire. Si Louis XVI eût aboli la peine de mort, comme il avait aboli la torture, sa tête ne serait pas tombée. 93 eût été désarmé du couperet, il y aurait une page sanglante de moins dans l'histoire : la date funèbre du 21 janvier n'existerait pas. Qui donc, en présence de la conscience publique, à la face de la France, à la face du monde civilisé, qui donc eût osé relever l'échafaud pour le roi, pour l'homme dont on aurait pu dire : C'est lui qui l'a renversé ! (Mouvement prolongé.)

On accuse le rédacteur de l'*Événement* d'avoir manqué de respect aux lois ! d'avoir manqué de respect à la peine de mort ! Messieurs, élevons-nous un peu plus haut qu'un texte controversable, élevons-nous jusqu'à ce qui fait le fond même de toute législation, jusqu'au for intérieur de l'homme. Quand Servan, — qui était avocat général cependant, — quand Servan imprimait aux lois criminelles de son temps cette flétrissure mémorable :

« Nos lois pénales ouvrent toutes les issues à l'accusation, et « les ferment presque toutes à l'accusé. »

Quand Voltaire qualifiait ainsi les juges de Calas : *Ah ! ne me parlez pas de ces juges, moitié singes et moitié tigres !* (On rit.)

Quand Chateaubriand, dans le *Conservateur*, appelait la loi du double vote *loi sotte et coupable ;* quand Royer-Collard, en pleine Chambre des députés, à propos de je ne sais plus quelle loi de censure, jetait ce cri célèbre : *Si vous faites cette loi, je jure de lui désobéir ;* — quand ces législateurs, quand ces magistrats, quand ces philosophes, quand ces grands esprits, quand ces hommes, les uns illustres, les autres vénérables, parlaient ainsi, que faisaient-ils ? Manquaient-ils de respect à la loi, à la loi locale et momentanée ? c'est possible, M. l'avocat général le dit, je l'ignore ; mais ce que je sais, c'est qu'ils étaient les religieux échos de la loi des lois, de la conscience universelle ! Offensaient-ils la justice, la justice de leur temps, la justice transitoire et faillible ? je n'en sais rien ; mais ce que je sais, c'est qu'ils proclamaient la justice éternelle. (Mouvement général d'adhésion.)

Il est vrai qu'aujourd'hui on nous a fait la grâce de nous le dire au sein même de l'Assemblée nationale, on traduirait en justice l'athée Voltaire, l'immoral Molière, l'obscène la Fontaine, le démagogue Jean-Jacques Rousseau! Voilà ce qu'on pense, voilà ce qu'on avoue, voilà où on en est! Vous apprécierez, messieurs les jurés!

Messieurs les jurés, ce droit de critiquer la loi, de la critiquer sévèrement, et en particulier et surtout la loi pénale, qui peut si facilement empreindre les mœurs de barbarie, ce droit de critiquer, qui est placé à côté du devoir d'améliorer, comme le flambeau à côté de l'ouvrage à faire, ce droit de l'écrivain, non moins sacré que le droit du législateur, ce droit nécessaire, ce droit imprescriptible, vous le reconnaîtrez par votre verdict, vous acquitterez les accusés.

Mais le ministère public, c'est là son second argument, prétend que la critique de l'*Événement* a été trop loin, a été trop vive. Ah! vraiment, messieurs les jurés, le fait qui a amené ce prétendu délit qu'on a le courage de reprocher au rédacteur de l'*Événement,* ce fait effroyable, approchez-vous-en, regardez-le de près.

Quoi! un homme, un condamné, un misérable homme, est traîné un matin sur une de nos places publiques; là, il trouve l'échafaud. Il se révolte, il se débat, il refuse de mourir : il est tout jeune encore, il a vingt-neuf ans à peine... — Mon Dieu! je sais bien qu'on va me dire : « C'est un assassin! » Mais écoutez!... Deux exécuteurs le saisissent, il a les mains liées, les pieds liés; il repousse les deux exécuteurs. Une lutte affreuse s'engage. Le condamné embarrasse ses pieds garrottés dans l'échelle patibulaire, il se sert de l'échafaud contre l'échafaud. La lutte se prolonge, l'horreur parcourt la foule. Les exécuteurs, la sueur et la honte au front, pâles, haletants, terrifiés, désespérés, — désespérés de je ne sais quel horrible désespoir, — courbés sous cette réprobation publique qui devrait se borner à condamner la peine de mort, et qui a tort d'écraser l'instrument passif, le bourreau, — (mouvement.) — les exécuteurs font des efforts sauvages. Il faut que force reste à la loi, c'est la maxime. L'homme se cramponne à l'échafaud et demande grâce; ses vêtements sont arrachés, ses épaules nues sont en sang : il résiste toujours. Enfin, après trois quarts d'heure, — trois quarts d'heure ! — (Mouvement. M. l'avocat général fait un signe de dénégation. M. Victor Hugo reprend:) — On nous chicane sur les minutes : trente-cinq minutes si vous voulez ! — de cet effort monstrueux, de ce spectacle sans nom, de cette agonie, — agonie pour tout le monde, entendez-vous bien ! — agonie pour le peuple qui est là autant que pour le condamné, — après ce siècle d'angoisse, messieurs les jurés, on ramène le misérable à la prison. Le peuple respire ; le peuple, qui a des préjugés de vieille humanité, et qui est clément parce qu'il se sent souverain, le peuple croit l'homme épargné. Point. La guillotine est vaincue, mais elle reste debout ; elle reste debout tout le jour, au milieu d'une population consternée. Et, le soir, on prend un renfort de bourreaux, on garrotte l'homme de telle sorte qu'il ne soit plus qu'une chose inerte, et, à la nuit tombante, on le rapporte sur la place publique, pleurant, hurlant, hagard, tout ensanglanté, demandant la vie, appelant Dieu, appelant son père et sa mère, car, devant la mort, cet homme était redevenu un enfant; (Sensation.) On le hisse sur l'échafaud, et sa tête tombe !—Et alors un frémissement sort de toutes les consciences ; jamais le meurtre légal n'avait apparu avec plus de cynisme et d'abomination ; chacun se sent, pour ainsi dire, solidaire de cette chose lugubre qui vient de s'accomplir ; chacun sent au fond de soi ce qu'on éprouverait si l'on voyait en pleine France, en plein soleil, la civilisation insultée par la barbarie. C'est dans ce moment-là qu'un cri échappe à la poitrine d'un jeune homme, à ses entrailles, à son cœur, à son âme, un cri de pitié, un cri d'angoisse, un cri d'horreur, un cri d'humanité ; et ce cri, vous le puniriez ! Et en présence des épouvantables faits que je viens de remettre sous vos yeux, vous diriez à la guillotine: Tu as raison ! Et vous diriez à la pitié, à la sainte pitié : Tu as tort !

Cela n'est pas possible, messieurs les jurés. (Profonde et universelle émotion.)

Tenez, monsieur l'avocat général, je vous le dis sans amertume, vous ne défendez pas une bonne cause. Vous avez beau faire, vous engagez une lutte inégale avec l'esprit de civilisation, avec les mœurs adoucies, avec le progrès. Vous avez contre vous l'intime résistance du cœur de l'homme ; vous avez contre vous tous les principes à l'ombre desquels, depuis soixante ans, la France marche et fait marcher le monde : l'inviolabilité de la vie humaine, la fraternité pour les classes ignorantes, le dogme de l'amélioration, qui remplace le dogme de la vengeance ! Vous avez contre vous tout ce qui éclaire la raison, tout ce qui vibre dans les âmes, la philosophie comme la religion, d'un côté, Voltaire, de l'autre, Jésus-Christ ! Vous avez beau faire, cet effroyable service que l'échafaud a la prétention de rendre à la société, la société, au fond, en a horreur et n'en veut pas ! Vous avez beau faire, les partisans de la peine de mort ont beau faire, et vous voyez que nous ne confondons pas la société avec eux, les partisans de la peine de mort ont beau faire, ils n'innocenteront pas la vieille pénalité du talion ! ils ne laveront pas ces textes hideux sur lesquels ruisselle depuis tant de siècles le sang des têtes coupées ! (Mouvement prolongé.)

Messieurs, j'ai fini.

Mon fils, tu reçois aujourd'hui un grand honneur, tu as été jugé digne de combattre, de souffrir peut-être, pour la sainte cause de la vérité. A dater d'aujourd'hui, tu entres dans la véritable vie virile de notre temps, c'est-à-dire dans la lutte pour le juste et pour le vrai. Sois fier, toi qui n'est qu'un simple soldat de l'idée humaine et démocratique, tu es assis sur ce banc où s'est assis Béranger, où s'est assis Lamennais ! (Sensation.)

Sois inébranlable dans tes convictions, et, que ce soit là ma dernière parole, si tu avais besoin d'une pensée pour t'affermir dans ta foi au progrès, dans ta croyance à l'avenir, dans ta religion pour l'humanité, dans ton exécration de l'échafaud, dans ton horreur des peines irrévocables et irréparables, songe que tu es assis sur ce banc où s'est assis Lesurques !

(Une émotion indicible succède à ce discours. Au moment où M. Victor Hugo se rassied, toutes les mains se tendent vers lui du banc des avocats placés derrière son banc pour serrer la sienne et le féliciter. L'audience est de fait suspendue quelques minutes. M. l'avocat général Suin se lève pour répliquer.)

M. L'AVOCAT GÉNÉRAL : Nous nous attendions à entendre les accents d'un homme qui venait défendre ses deux enfants chéris : son fils d'abord, et un système ensuite. Disons-le, ce système appartient à l'humanité. Si nous avions examiné tout ce qui a été écrit en faveur de l'abolition de la peine de mort, nous avons lu aussi tout ce qui a été écrit, non en faveur de sa conservation mais en faveur de la société.

Ne vous ai-je pas dit moi-même, messieurs, que l'abolition de la peine de mort était une affaire de temps et d'opportunité? On a voulu agrandir le cercle, on a voulu citer des autorités, et on en a méconnu les restrictions ; on vous a dit qu'on parlait en présence de ce Dieu dont l'image est dans cette enceinte, et qui fut victime de la peine de mort.

Eh bien! la peine de mort a toujours été acceptée par les pères de l'Église. Si l'on a dit de la mort de Socrate que c'était la mort du juste, on a dit de la mort de Jésus-Christ que c'était la mort d'un dieu, parce que, venu volontairement parmi les hommes et pouvant se mettre au-dessus des lois humaines, Notre Seigneur Jésus-Christ a voulu néanmoins s'y soumettre.

Ce Dieu dont on rappelait la mort, il a dit : Rendez à César ce qui appartient à César, et il a donné lui-même l'exemple de l'obéissance à ses préceptes. Eh bien! rendez à César ce qui appartient à César, cela ne veut pas dire autre chose que : Rendez à la loi ce qui lui est dû : soumettez-vous donc à loi, à laquelle vous devez le respect.

M. l'avocat général dit que Montesquieu ne s'est pas élevé contre la peine de mort en principe, qu'il s'est élevé seulement contre l'application de cette peine à des crimes qui ne la méritent pas.

L'organe du ministère public cite la xiv° pastorale de Pascal, où se trouve un passage de saint Augustin, disant que, si Dieu seul peut disposer de la vie des hommes, il a rendu les rois et les républiques dépositaires de ce pouvoir. Il cite également Voltaire, dont l'opinion sur la peine de mort est conforme à celle de Montesquieu, ne portant pas sur le principe.

On a dit, continue M. l'avocat général, que, si Louis XVI avait aboli la peine de mort, il n'eût pas péri sur l'échafaud. Il ne s'agit pas ici de la peine de mort en matière politique. Quand on veut d'ailleurs en politique se défaire d'un adversaire, vous savez, messieurs, qu'il est d'autres moyens que ceux employés dans les cas ordinaires; et, pour mon compte, je ne doute pas que, si un parti que je ne veux pas voir triompher venait au pouvoir, les lois d'abolition ne serviraient à rien. On ne fait pas des lois qui rendent impossible le retour des 2 et 3 septembre 1792. Ne parlez donc jamais de la peine de mort en matière politique.

Le discours de M. Victor Hugo, reprend M. Suin, est admirable, je m'incline devant le grand orateur, mais que le père me permette de le lui dire, oui, il a raison d'engager son fils à suivre sa tradition, tradition de gloire et de génie, mais si, pourtant, dans les exemples qu'il lui donne, il y a, dans certains cas, la résistance aux lois, je suis bien obligé de dire au fils : Arrêtez-vous ! suivez le sentier lumineux de gloire où marche votre père, mais ne le suivez pas dans la mêlée obscure d'un tel combat !

M. Suin dit qu'il ne peut voir qu'une insulte nouvelle dans ce passage du discours de M. Victor Hugo, où celui-ci déclare voir le bourreau derrière M. l'avocat général. L'organe du ministère public déclare qu'il s'est présenté dans l'enceinte de justice pour assurer l'indépendance des juges, parce qu'il ne veut pas que par des outrages on empêche le juge d'accomplir son devoir. Il soutient que l'on a voulu d'avance flétrir les décisions de la justice, enchaîner le juge, et que c'est là une attaque contre le respect dû à la loi. Il déclare en terminant que la théorie qui a été développée ne conduit à rien moins qu'à l'abolition de toute peine; car, si la vie de l'homme est inviolable, sa liberté l'est également, et l'on irait ainsi jusqu'à désarmer la société de tout moyen de répression.

Mᵉ CRÉMIEUX, défenseur de M. Erdan, prend la parole :

Messieurs les jurés, quand M. l'avocat général a pris la parole pour la première fois, il a commencé par déclarer que la question de la peine de mort n'avait rien à faire dans ce débat; qu'il allait le restreindre à une simple affaire de délit de presse.

Puis, oubliant cette pensée, il a parlé longuement, éloquemment, de la peine de mort; c'était sa thèse, il n'en avait pas d'autre, car, arrivé à la prévention, à l'article, il ne l'a pas discuté vingt minutes. (Rires.)

M. LE PRÉSIDENT : Ces rires sont inconvenants. Dans une cause de cette nature, tout est sérieux. Je serai forcé de prendre des mesures rigoureuses si l'on interrompt encore le débat.

Mᵉ CRÉMIEUX : La peine de mort, c'est le premier plan de ce débat. A cette grande question, tous les honneurs de l'audience. A elle, les grandes et belles paroles de mon ami Victor Hugo, à elle la vivacité, l'ardeur de ce style généreux, énergique, dont vous poursuivez l'auteur. S'il s'agissait, en effet, d'une question ordinaire, je comprendrais la prévention. Mais à qui réclame l'abolition de la peine de mort, toute vivacité dans l'expression, toute vigueur dans le style, toute exaltation même dans le raisonnement : soyez ardents pour être écoutés, si vous voulez que du sanctuaire de la justice, c'est-à-dire de la loi qui règne seule ici, soit abolie cette peine terrible, inexorable : la peine de mort.

Ce n'est pas, messieurs, que ce grand débat, qui dure depuis bientôt un siècle, n'ait été porté à une grande hauteur dans la Constituante. Chacun a noblement défendu ce qu'il croyait utile et bon pour la société. La peine de mort a été maintenue; on a cru que c'était assez pour un jour d'avoir aboli la mort en politique. Attendons, viendra le jour où la peine de mort pour tous les crimes cessera. Ce que les mœurs réclament, ce qui est une pensée généreuse, ne peut pas perdre sa cause dans cette France, si avide de tout ce qui est généreux et bon.

Mais, pour hâter cette abolition complète, que chacun se serve de ses meilleures armes : que celui qui attaque la loi ne craigne pas de montrer à nu tout ce qu'elle renferme de terrible, de désastreux pour l'humanité, pour la religion. L'ai-je bien entendu, messieurs? c'est sous la protection de Dieu même qu'on vient de mettre la peine de mort? C'est Dieu qui l'a ordonnée! Dieu, dites-vous? Dans quel lieu? Dans quel temps? Dans quel livre? Je vous dis que Dieu ne l'a jamais ordonnée cette peine horrible, jamais; au contraire. Dieu a dit : *Tu ne tueras point*, et vous osez

lui faire dire : *Tu tueras*. Mais où donc avez-vous lu cet impi-
toyable blasphème ? Est-ce dans la Bible ? Elle vous dément avec
éclat. Dieu a parlé deux fois lui-même de cette peine de mort :
l'une, c'est quand il a donné la loi, son immortel Décalogue : il a
dit, il a écrit de sa main : *Tu ne tueras pas*. Cette grande parole, lui-même l'avait proclamée, accomplie comme juge, comme
juge, entendez-vous ? Il n'a jugé qu'une fois ; il a jugé un criminel, un meurtrier ; il a dit : Tu ne mourras pas. (Mouvement
dans l'auditoire.)

Oui, Dieu condamne ceux qui l'accusent d'avoir voulu la peine
de mort. Abel, le vertueux Abel, venait d'expirer ; Caïn, le féroce
Caïn, avait le premier donné à la mort sa première proie, le frère
avait tué son frère. Quel crime ! quel coupable ! Quand tout à
coup le tonnerre retentit au fond du cœur de Caïn, Dieu s'appro-
che, et le remords déchire le coupable. Ton frère est mort, dit le
juge suprême, tu l'as tué, tu ne mourras pas, tu continueras de
vivre avec tes remords. (Le mouvement de l'auditoire interrompt
l'avocat.)

Ne montez pas jusqu'à Dieu pour soutenir l'échafaud qui s'é-
croule. Jamais Dieu n'ordonna la mort du pécheur, même quand
on l'appelait le Dieu jaloux, le Dieu vengeur, le Dieu des batail-
les. Que me citez-vous les pères de l'Église ? Vous les citez à
tort. Ah ! sans doute, quand on disait que les rois étaient rois de
droit divin, on ajoutait que Dieu leur avait remis le glaive des
vengeances ; mais toutes ces doctrines ont deux mille ans ; elles
ne sont pas de notre siècle.

Aujourd'hui, c'est la raison seule qui raisonne ; aujourd'hui,
tout pouvoir humain vient du peuple, et les rois, s'ils veulent rester rois, doivent être miséricordieux et cléments. Ils doivent imiter Dieu, le Dieu de bonté, le Dieu de miséricorde, notre Dieu, le
vrai Dieu ; si vous représentez Dieu qui se venge, vous le faites à
l'image de l'homme ; si vous dites à l'homme : Ne donne pas la
mort à ton semblable, vous faites l'homme à l'image de Dieu.
(Longue agitation.)

Laissez-moi, maintenant, répondre à M. l'avocat général. Victor Hugo vous a dit une vérité saisissante. Si Louis XVI, qui

abolit la torture, avait aboli l'échafaud, l'échafaud ne se serait pas relevé contre celui qui l'aurait fait abattre.

Vous en êtes convenu, monsieur l'avocat général, mais vous avez répliqué par une réponse que je voudrais n'avoir pas entendue. L'échafaud politique est abattu : on recommencerait les journées de septembre. Qui les recommencerait? Notre peuple de 1848? Détestable anachronisme, qui me révolte, moi surtout qui peux rendre de ce peuple un si grand témoignage. Notre peuple égorger des prisonniers! Il ouvre les cachots à tous les prisonniers politiques. Notre peuple tuer des hommes désarmés!... Oh! mon Dieu!

Savez-vous ce qu'il a fait ce peuple, pendant trois mois qu'il a été maître absolu, dominateur souverain? Ce qu'il a fait! le gouvernement provisoire, qui vous remercie, monsieur l'avocat général, des bonnes paroles que vous avez eu pour lui, le gouvernement provisoire abolit l'échafaud politique, le peuple vint lui demander l'abolition de la guillotine. Demandez au Champ de Mars qui reçut les cendres de l'échafaud incendié par le peuple! (Mouvement.)

Attendez : vous aviez en 1848 une loi détestable ; elle flétrissait, par l'exposition publique, tout homme condamné à la réclusion et à des peines plus graves ; plus de repentir possible pour ce malheureux, que la main du bourreau avait touché.

Nous avons aboli cette peine dégradante.

Le peuple a fait mieux que nous : nous avions oublié les contumaces, dont le bourreau plantait les noms sur l'infâme poteau ; un jour, le peuple alla couvrir de fleurs un échafaud sur lequel le bourreau plaçait le nom des condamnés contumaces. Un mois plus tard, la loi rendait hommage à la pensée du peuple. (Nouveau mouvement.)

Voilà notre peuple, si bon, que, dès qu'un criminel est condamné, la pitié le saisit. Ne torturez pas cet homme, voyez-vous, le peuple ne le veut pas. Et voilà pourquoi, lorsque nos lois avaient la torture, les écrivains, qui devinaient les mœurs du peuple, en réclamaient l'abolition.

Messieurs, venons à l'article, et laissez-moi vous dire quelques

mots en jurisconsulte. Je laisse à Victor Hugo cette belle éloquence, qui est sa nature ; avocat, je vais défendre mon client.

Le délit qu'on lui reproche, c'est l'*attaque contre le respect dû
aux lois*. Qu'est-ce que ce délit ? Le ministère public n'est jamais
parvenu à le définir. Ce n'est pas la provocation à la désobéis-
sance aux lois ; la loi de 1819 punit ce délit, que tout le monde
comprend. Ce n'est pas le *manque de respect à la loi*. On convient que, pourvu que j'obéisse à la loi, je ne suis pas tenu de la
respecter.

Ce délit, la législation indigne, déplorable, qu'on appela les
lois de septembre, lui avait donné le jour ; cette législation fa-
tale, réprouvée, le gouvernement provisoire l'abolit. Mais le délit
d'*attaque contre le respect dû aux lois* est revenu depuis. Comment le définissez-vous ? c'est la loi dont il est défendu...

Je ne peux pas trouver une phrase. Voici pourtant la pensée
du ministère public, même ses paroles : *C'est la loi dont il est
défendu d'attaquer le respect que les autres ont pour elle.* (Rire
général.)

M. LE PRÉSIDENT : La matière qui se traite ici ne comporte pas
les rires qui partent de l'auditoire. Tout le monde doit être grave
et sérieux dans l'enceinte de la Cour d'assises.

M. CRÉMIEUX : Le style de l'article, quelques-unes de ses expressions, voilà ce qu'on poursuit. On a voulu prouver qu'on
peut attaquer la loi, et cependant la respecter. Mais comment
voulez-vous que je la fasse abolir si je l'entoure de respect ? Je
veux qu'on l'abolisse, parce que je la trouve mauvaise, immorale,
il faut bien que je le dise.

On me cite Lamartine qui, dans son beau langage, enveloppe
de toutes sortes de précautions oratoires l'attaque contre la peine
de mort ; Lamartine, c'est le modèle à suivre. Permettez : il est
plein d'égards en commençant, ses paroles sont toutes de dou-
ceur et de bienveillance, c'est son exorde ; mais croyez-vous qu'il
ne dira pas tout ? Beccaria trouvait *impie* la loi qui prononçait la
mort, Lamartine dit bien plus ; écoutez-le :

« La société peut-elle légitimement rester *homicide* ? La nation, la raison, la science, répondent unanimement : Non. Les

plus incrédules hésitent. Or, le jour où le législateur doute d'un droit si terrible, le jour où, en contemplant l'échafaud ensanglanté, il recule *avec horreur et se demande si, pour punir un crime, il n'en a pas commis un lui-même*, de ce jour la peine de mort ne lui appartient plus.

« Ce doute, s'il n'est pas encore un crime, est bien près d'être un remords.

« Et d'abord, nous demandons si ce qui est *atroce* est jamais nécessaire? Si ce qui est *infâme* dans l'acte et dans l'instrument est jamais utile? Si ce qui est irréparable devant un juge soumis à l'erreur est jamais juste? Et, enfin, si *le meurtre de l'homme par la société* est propre à consacrer devant les hommes l'inviolabilité de la vie humaine.

« Les lois sanglantes ensanglantent les mœurs. »

Certes, l'article que vous poursuivez est loin de cette vigoureuse énergie. Victor Hugo a cité Voltaire et Montesquieu; l'avocat général dit : Voltaire et Montesquieu ne s'élevaient contre la peine de mort d'une manière absolue; ils réclamaient son abolition pour les crimes de magie, de sorcellerie, de sacrilége.

Mais, quand Voltaire et Montesquieu vivaient, quand ils attaquaient la loi de leur temps, ils attaquaient la loi telle qu'elle était; ils ont bien fait. Nous attaquons, nous, la loi telle qu'elle est, nous faisons mal. Mais si ces grands écrivains et bien d'autres n'avaient pas vivement, énergiquement attaqué la peine de mort appliquée à ces crimes, elle n'aurait pas été abolie. Nous faisons comme eux, puissions-nous obtenir le même succès !

Mais vous, qui nous poursuivez aujourd'hui, comment auriez-vous fait si vous aviez été avocat général du temps de Voltaire? Vous l'auriez poursuivi. (Mouvement dans l'auditoire.) Oui, vous l'auriez poursuivi : car alors c'était la loi.

Ah ! mon Dieu ! que devient le progrès humain devant ces doctrines ?

Messieurs, M. Victor Hugo vous a dit : Ce n'est pas mon fils qui est coupable, c'est moi; car mon fils est mon enfant par le sang et par les idées. Eh bien ! je vais plus loin, et je vais vous prouver que le délit matériel a été copié, pour ainsi dire, sur des pages écrites par son père, dont je veux vous donner lecture ; c'est dans la préface du *Dernier jour d'un Condamné* que je trouve ce que je vais lire, dans une édition de 1839, alors qu'existait la loi qui ordonne de ne pas manquer au respect dû aux lois :

Victor Hugo disait :

« Il faut citer deux ou trois exemples de ce que certaines exécutions ont eu d'épouvantable et d'impie. Il faut donner mal aux nerfs des femmes des procureurs du roi. Une femme, c'est quelquefois une conscience. (Vive sensation.)

« Dans le Midi, vers la fin du mois de septembre dernier, nous n'avons pas bien présent à l'esprit le lieu, le jour, ni le nom du condamné, mais nous le retrouverons si l'on conteste le fait, et nous croyons que c'est à Pamiers : vers la fin de septembre donc, on vient trouver un homme dans sa prison, où il jouait tranquillement aux cartes : on lui signifie qu'il faut mourir dans deux heures, ce qui le fait trembler de tous ses membres, car, depuis six mois qu'on l'oubliait, il ne comptait plus sur la mort ; on le rase, on le tond, on le garrotte, on le confesse ; puis on le brouette entre quatre gendarmes, et à travers la foule, au lieu de l'exécution. Jusqu'ici rien que de simple. C'est comme cela que cela se fait. »

C'est ce que vous faites toujours ; vous n'avez rien trouvé de mieux.

« Arrivé à l'échafaud, le bourreau le prend au prêtre, l'emporte, le ficelle sur la bascule, l'*entourne*, je me sers ici du mot d'argot, puis il lâche le couperet.

« Le lourd triangle de fer se détache avec peine, tombe en cahotant sur ses rainures, et — voici l'horrible qui commence — entaille l'homme sans le tuer.

« L'homme pousse un cri affreux.

« Le bourreau déconcerté relève le couperet et le laisse retomber. Le couperet mord le cou du patient une seconde fois, mais ne le tranche pas. Le patient hurle, la foule aussi. Le bourreau rehisse encore le couperet, espérant mieux du troisième coup. Point. Le troisième coup fait jaillir un troisième ruisseau de sang de la nuque du condamné, mais ne fait pas tomber la tête... » (Nouvelle et profonde sensation qui interrompt Mᵉ Crémieux.)

Je ne continue pas, messieurs, je vous dirai seulement que ce n'est pas par la guillotine que ce patient a été tué, ce fut par le valet du bourreau.

L'écrivain continue : « La chose a eu lieu après Juillet, dans un temps de douces mœurs et de progrès, un an après la célèbre lamentation de la Chambre sur la peine de mort. Eh bien ! le fait est passé absolument inaperçu. Les journaux de Paris l'ont publié comme une anecdote. Personne n'a été inquiété. On a su seulement que la guillotine avait été disloquée exprès, par quelqu'un qui *voulait nuire à l'exécuteur des hautes œuvres*. C'était un valet du bourreau chassé par son maître, qui, pour se venger, lui avait fait cette malice. »

Voilà votre guillotine ; et, quand le jeune Hugo dit que la guillotine est mal faite, vous lui dites qu'il a commis un délit !

Je poursuis :

« A Dijon, il y a trois mois, on a mené au supplice une femme. (Une femme !) Cette fois encore, le couteau du docteur Guillotin a mal fait son service. La tête n'a pas été tout à fait coupée. Alors les valets de l'exécuteur se sont attelés aux pieds de la femme, et, à travers les hurlements de la malheureuse, et à force de tiraillements et de soubresauts, ils lui ont séparé la tête du corps par arrachement.

« A Paris, on en revient aux exécutions secrètes. Comme on n'ose plus décapiter en Grève depuis Juillet, comme on a peur, comme on est lâche, voici ce qu'on fait : on a pris dernièrement, à Bicêtre, un homme, un condamné à mort, un nommé Desandrieux, je crois ; on l'a mis dans une espèce de panier traîné sur deux roues, clos de toutes parts, cadenassé et verrouillé ; puis, un gendarme en tête, un gendarme en queue, à petit bruit et sans foule, on a été déposer le paquet à la barrière déserte de Saint-Jacques.

« Arrivés là, il était huit heures du matin, à peine jour ; il y avait une guillotine toute fraîche dressée ; pour public, quelque douzaine de petits garçons groupés sur les tas de pierres voisins autour de la machine inattendue ; vite on a tiré l'homme du panier, et, sans lui donner le temps de respirer, furtivement, sournoisement, honteusement, on lui a escamoté sa tête. *Cela s'appelle un acte public et solennel de haute justice. Infâme dérision !*

« Comment donc les gens du roi comprennent-ils le mot civilisation ? Où en sommes-nous ? La *justice ravalée* aux stratagèmes et aux supercheries ! *La loi aux expédients ! Monstrueux !*

« C'est donc une chose bien redoutable qu'un condamné à mort, pour que la société le prenne en traître de cette façon ?

« ... Est-ce bien sérieusement que vous croyez faire un exemple quand vous égorgillez misérablement un pauvre homme dans le recoin le plus désert des boulevards extérieurs ? En Grève, en plein jour, passe encore ; mais à la barrière Saint-Jacques ! mais à huit heures du matin ! Qui est-ce qui passe là ? qui est-ce qui va là ? qui est-ce qui sait que vous tuez un homme là ? qui est-ce qui se doute que vous faites un exemple là ?

« Ne voyez-vous donc pas que vos exécutions publiques se font en tapinois ? ne voyez-vous donc pas que vous vous cachez ? que vous avez peur et *honte* de votre œuvre ? que vous balbutiez ridiculement votre *discite justiciam moniti* ? qu'au fond, vous êtes ébranlés, interdits, inquiets, peu certains d'avoir raison, gagnés par le doute général, coupant les têtes par routine et sans trop savoir ce que vous faites ? » (Mouvement universel.)

Ceci a été écrit après la loi, et vous n'avez pas attaqué le père ; et aujourd'hui vous poursuivez le fils !

Cependant, « Honore ton père » est aussi une maxime sainte ; or, quel est le meilleur moyen d'honorer son père que de l'imiter ? et, quand ce père s'appelle Victor Hugo, quel meilleur moyen de l'imiter que de l'imiter dans ses écrits ? M. l'avocat général lui-même en conviendra.

Voici, maintenant, messieurs, comment se termine le passage dont j'ai tenu à vous donner lecture :

« Aux colonies, quand un arrêt de mort tue un esclave, il y a mille francs d'indemnité pour le propriétaire de l'homme. Quoi ! vous dédommagez le maître, et vous n'indemnisez pas la famille ! Ici aussi ne prenez-vous pas un homme à ceux qui le possèdent ? N'est-il pas, à un titre bien autrement sacré que l'esclave vis-à-vis du maître, la propriété de son père, le bien de sa femme, la chose de ses enfants ?

« *Nous avons déjà convaincu votre loi d'assassinat. La voici convaincue de vol.* »

Au nom du ciel, messieurs, notre article est-il comparable à celui-là ? Et vous ne l'avez pas poursuivi, ni en 1839, ni en 1841, ni en 1847, ni en 1849, car les éditions de ce livre sont innombrables ; on en a tiré plus de trois cent mille exemplaires.

Attendez, messieurs, attendez. Louis-Philippe détestait la peine de mort. Il appelle un jour le grand poëte aux Tuileries : « Monsieur Victor Hugo, lui dit-il, je vous crée pair de France. Ce titre, le plus élevé dans notre ordre politique, est une récompense à votre génie, mais vous saurez toute ma pensée : ce que je veux surtout récompenser aujourd'hui, c'est votre lutte si belle, si constante, pour l'abolition de la peine de mort. »

Après tant d'écrits, le père recevait du roi la pairie. Après un premier essai, le fils obtiendrait de la République la prison ! (Mouvement prolongé dans l'auditoire.)

Voici notre article ; je vais le commenter à mon tour. Écoutez-moi :

« Il y a quatre jours, sur la place publique d'une ville de
« France, la loi, c'est-à-dire la force divine et sainte de la so-
« ciété... »

« La force divine et sainte de la société, » voilà comme l'écrivain définit, qualifie la loi. Il n'est pas seulement respectueux ; il la met sur un piédestal.

« ... La loi prenait un malheureux homme qui se débattait et
« qui hurlait, le prenait au cou, aux bras et aux jambes, le tirait
« par les cheveux et lui déchirait la peau du corps pour le traîner
« sur l'échafaud ; devant toute une population consternée et pro-
« fondément émue, pendant une heure entière, la loi s'est colle-
« tée avec le crime. »

Ces paroles ont indigné le ministère public ; mais qu'il me permette de le lui dire : Il a un peu oublié sa rhétorique. Les tropes, les figures, sont les ornements du style descriptif; les matérialiser, c'est oublier les éléments mêmes du discours. Comment! quand l'écrivain dit que la loi saisit un homme au cou, le déchire, s'est colletée avec le crime, vous ne voyez pas la figure de rhétorique? Eh! mon Dieu, tout le monde sait bien que le bourreau a saisi le patient, que le bourreau s'est colleté avec lui; pourquoi? Pour donner force à la loi. Derrière le bourreau vous avez la loi, car, si la loi n'ordonnait pas, le bourreau n'exécuterait pas. (Sensation.)

Quant au fait, il est vrai; même dans le procès-verbal officiel, on le retrouve. Pendant trente-cinq minutes, au lieu d'une heure, la tragédie déplorable a duré; mais elle a saisi d'horreur tous les témoins désolés.

« Qu'a fait cet homme à la société? *Il avait tué!* Que faisait « la société à cet homme? Elle le martyrisait. »

Les deux termes sont incontestables. L'homme avait tué, il était martyrisé; mais par qui? Le ministère public se récrie : Non, ce n'est pas la société qui martyrise. Assurément; qui vous dit le contraire? Mais c'est l'individu commissionné par la société pour exécuter cette loi barbare qui frappe de mort une créature humaine. Encore une fois, souffrez le style dans un écrit; ne matérialisez pas : le style, c'est l'esprit.

« Partisans de la peine de mort, quel était votre but en con-« duisant à la guillotine ce misérable assassin? »

Qui le croirait? cette phrase soulève l'éloquence de mon adversaire. Comment! l'écrivain appelle cet homme *un misérable assassin*, et vous n'êtes pas satisfait? *Un misérable assassin!* quelles expressions plus flétrissantes trouvez-vous contre le crime? Mais, dit le ministère public, dans ces mots : *Partisans de la peine de mort, quel était votre but?* vous vous adressez aux jurés qui ont condamné, aux magistrats qui ont prononcé la peine, aux autorités qui la font exécuter. J'avoue, messieurs, que je me perds dans cette incroyable prétention. Tout à l'heure, quand l'écrivain dit : *La loi, la société,* vous ne voulez pas voir autre chose que ce qui est écrit : *c'est la loi, c'est la société.* Vainement je vous rappelle qu'il faut prendre l'écrivain non au pied de la lettre,

mais dans les images qui relèvent la discussion ; vous répondez :
Il a dit la loi, la société.

Eh bien ! mais que dit-il à présent ? *Partisans de la peine de
mort, quel est votre but en conduisant ce misérable à l'échafaud ?* Est-ce qu'il nomme, ou les jurés, ou les juges, ou l'autorité ? Est-ce qu'il peut même en avoir la pensée ? Qui nous affirme que le jury, en déclarant coupable, n'a pas gémi dans la
plus profonde douleur en songeant à l'échafaud qu'il aurait voulu
repousser ? Qui nous affirme que le magistrat, en prononçant l'arrêt, n'a pas frémi de tout son corps devant la pensée de l'échafaud
que la sentence allait faire dresser malgré lui ? Qui nous affirme
que l'autorité exécutive n'est pas consternée de ce sacrifice humain ?

Non ! non ! c'est votre imagination qui se substitue à l'idée de
l'écrivain ; c'est vous qui soutenez ce que l'écrivain n'a pas même
aperçu. Au reste, que voulez-vous ? La phrase, je la reprends :
*Partisans de la peine de mort, quel était votre but en conduisant
ce misérable à la guillotine ?* Je veux argumenter comme tout à
l'heure. Qui est-ce qui conduisait ce misérable à la guillotine ? Le
bourreau et son aide : les vrais partisans de la peine de mort.
Trouvez-vous que je les insulte ? Mais assurément le bourreau et
son aide sont partisans de la peine de mort. En doutez-vous ?
Tenez, je me rappelle avoir aboli la contrainte par corps. De très-
braves gens, hommes honnêtes et intelligents, jetèrent les hauts
cris ; ils étaient partisans de la contrainte par corps, détestable
institution aussi : c'étaient les gardes du commerce de Paris. (Rire
général.)

Je reprends. C'est aux partisans de la peine de mort que je
m'adresse ; mais ai-je manqué de respect à la loi, à eux-mêmes.
Poursuivons : « Vous vouliez montrer à tous la justice humaine
« dans sa force et dans sa majesté ; relever, dans l'esprit des
« masses, le sentiment du droit en le faisant assister au châti-
« ment d'un scélérat ; accomplir un acte solennel, imposant, ter-
« rible. »

C'est à la fois du beau style dans le raisonnement et un grand
but que l'on prête aux partisans de la peine de mort ; c'est de la

polémique d'un goût parfait, bien pensée, bien écrite. Et remar-
quez bien que le condamné est appelé *un scélérat.* Tout à l'heure
c'était *un misérable assassin,* maintenant c'est *un scélérat.* L'on
prétend que nous prenons le parti du criminel contre la société.

« Au lieu de mettre la foule qui vous regardait du côté de la
« loi, vous l'avez *presque rangée* du côté du scélérat. »

Messieurs, c'est une grande modération dans l'expression de
la pensée. Un jeune homme de vingt-quatre ans, qui, discutant
une question brûlante, au lieu de s'écrier : La foule s'est tournée
du côté du patient, se borne à cette phrase : Vous l'avez presque
rangée du côté du patient, est un écrivain de bon sens qu'il faut
encourager.

« Cet homme, qui remplissait la foule d'horreur, vous l'avez
« changé en objet de pitié. »

« Vous vous êtes mis deux, puis quatre, puis nous ne savons
« combien, pour tuer cet homme qui ne voulait pas se laisser
« tuer. »

Ah ! messieurs, dans cette phrase terrible se trouve tout ce
qu'il y a de désolant dans cette funèbre tragédie. Quelle peine à
infliger que celle qui peut donner lieu à de tels spectacles ! Voilà
un homme, un criminel ; mais il est condamné à mourir, il va
mourir. Dès ce moment l'horreur de son crime s'efface, la pitié
s'attache à lui, je ne sais quelle consécration va l'environner : *res
sacra miser.* Cet homme, vous voulez qu'il meure, lui ne veut
pas mourir ; vous voulez qu'on le tue, lui ne veut pas qu'on le
tue. Le malheureux se défend avec ses larmes, avec son désespoir, il brise les liens qui lui attachent les pieds, il appuie sur les
marches de l'échafaud ses deux mains enchaînées, il se place en
travers devant cet escalier qu'il ne veut pas franchir. Le bourreau, son aide, le saisissent, lui déchirent ses vêtements ; ses
épaules frappent contre la machine de mort, lutte insensée, effroyable ; il se sent, lui, en état de légitime défense, c'est sa vie
qu'on veut lui prendre, qu'il protége avec tous ses instincts.

M. LE PRÉSIDENT : Je ne puis pas laisser dire qu'un criminel
est en état de légitime défense contre l'arrêt qui le condamne.

M. CRÉMIEUX : Je m'étonne, monsieur le président, qu'intelligent comme vous l'êtes, vous donniez cette interprétation aux paroles que je viens de prononcer. C'est du patient que je parle, non de la loi. A ses yeux, votre arrêt ne prouve rien. On veut sa vie, il la défend. Vous pouvez bien le condamner à mourir, vous ne pouvez pas faire qu'il veuille mourir, ni même qu'il croie avoir mérité de mourir. Vous contestez la légitimité de sa défense et vous avez raison, lui soutient cette légitimité du combat dont sa vie est l'enjeu. Et quand vous l'aurez vaincu enfin, que ferez-vous de plus contre lui? Prononcerez-vous un second arrêt de mort contre son cadavre ?

M. LE PRÉSIDENT : La légitime défense est celle que la loi reconnaît, il ne peut y en avoir d'autre.

M. CRÉMIEUX : J'entends votre observation, qui est vraie, mais je persiste dans mes paroles, qui sont incontestables. Le jury décidera, l'auditoire dira si je me trompe. Je ne les retire pas.

Oui, le malheureux lutte, puis il pleure, il gémit. Il implore son père, sa mère, non pas le père, la mère qui lui ont donné le jour, mais le Père qui est dans le ciel et dont la protection a seule pu le sauver, mais la mère de votre Dieu, cette Vierge céleste dont vous avez si pieusement fait la protectrice de tous les infortunés, surtout à l'heure de la mort. (Mouvement général dans l'auditoire.) Hélas ! rien ne peut contre la loi; le combat cesse, les sanglots s'éteignent, l'homme est dompté par deux bourreaux, par trois, par un plus grand nombre. La tragédie vient de finir.

Magistrats, vous étiez émus tout à l'heure en lisant le procès-verbal décoloré qui a retracé la scène de mort, voulez-vous que le jeune écrivain dont l'âme est indignée à la lecture des récits qui lui arrivent de toutes parts ne jette pas sur le papier des paroles brûlantes ? Jeune, bouillant, plein de séve, illuminé de quelque rayon du génie paternel, son âme déborde : *melius est in juvene aliquid detrahendum quam addendum.* Le poursuivre, vouloir qu'il expie sa générosité par la prison, ce n'est pas de notre temps.

Toujours même justesse dans l'expression : c'était un monstre. il excitait l'horreur; mais ces affreuses tortures ont soulevé la *pitié.* La pitié, entendez-vous, rien de plus : la pitié.

Mais voici une phrase irrémissible :

« Pratiquer la loi du talion, c'est rebrousser le progrès, c'est
« enlever à la société, à la justice et à la magistrature, une partie
« de la considération qu'elles doivent inspirer. Chaque fois que
« vous accomplissez une exécution publique, vous faites descen-
« dre à la loi, dans le respect national, les marches que vous lui
« faites monter jusqu'à l'échafaud. »

Eh bien, n'est-ce pas vrai? N'est-ce pas l'argument le plus
décisif pour l'abolition de cette peine de mort? Et cette phrase,
voyez ce qui la précède : *Si intègres et si consciencieux que soient
vos juges et vos tribunaux*, etc.

Messieurs, on nous dit : quand la peine de mort sera abolie,
vous nous demanderez l'abolition des peines perpétuelles. Cer-
tainement, c'est là la loi du progrès.

Mettez le repentir dans vos lois, et soyez certains que nous ver-
rons finir les peines perpétuelles. Tenez, messieurs, laissez venir
la génération qui nous suit ; qu'un jeune homme se trouve en face
d'un avocat général qui lui reprochera d'avoir demandé l'abolition
d'une peine perpétuelle, il répondra : Il y a aujourd'hui vingt ans,
jour pour jour, qu'un jeune homme, M. Charles Hugo, comparut
devant le jury, accusé d'avoir demandé l'abolition de la peine de
mort. Il fut acquitté ; la peine de mort a été depuis abolie. Maintenant, nous en sommes aux galères perpétuelles ; j'en ai demandé
l'abolition, acquittez-moi, car dans dix ans peut-être les galères
perpétuelles n'existeront plus.

Messieurs les jurés, l'humanité est en marche, elle ne s'arrê-
tera pas !

A la suite de ce discours, dont l'effet a été profond, Mᵉ Crémieux se rassied au milieu d'une vive agitation de l'assemblée,
L'audience reste suspendue pendant une demi-heure.

A la reprise, M. le président présente le résumé des débats.

Le jury, après dix minutes de délibération, a apporté un verdict d'acquittement en faveur de M. Erdan, et un verdict de culpabilité accompagné de circonstances atténuantes à l'égard de
M. Charles Hugo.

En conséquence, la Cour prononce l'acquittement du gérant, et, faisant application à M. Charles Hugo des articles 59 et 60 du Code pénal, 1ᵉʳ de la loi du 17 mai 1819, 26 de la loi du 26 mai 1819, 3 et 23 de la loi du 27 juillet 1849, le condamne à six mois de prison et à cinq cents francs d'amende. Elle ordonne, en outre, la suppression de tous les numéros saisis, et l'impression et l'affiche de son arrêt.

Mᵉ CRÉMIEUX. Monsieur le président, au nom de Charles Hugo, je demande à la Cour qu'il me soit donné acte de ce que M. le président, avant de dire à MM. les jurés qu'ils devaient voter au scrutin secret, ne les a pas prévenus que ce vote pouvait être précédé d'une délibération à haute voix.

M. LE PRÉSIDENT. Le fait est vrai; je ne puis pas me refuser à vous en donner acte. Je vous donne donc acte de ce que j'ai dit à MM. les jurés, qu'ils devaient voter au scrutin secret, sans ajouter qu'ils pouvaient discuter avant de voter.

L'audience est levée à 4 heures 1/2.

Au moment où M. Victor Hugo est sorti du Palais de Justice, donnant le bras à son fils, une foule immense, qui les attendait sur le grand escalier, les a accueillis par des cris prolongés de : *Vive Victor Hugo!*

M. Victor Hugo et son fils ont répondu par le cri de : Vive la République!

Le peuple a répondu par les acclamations unanimes : Vive la République! Vive Victor Hugo! — et a escorté ainsi l'illustre orateur jusqu'à sa voiture.

Voici comment les journaux indépendants ont accueilli la condamnation de l'*Événement* :

La Presse :

CONDAMNATION DE CHARLES HUGO.

> « L'échafaud n'apparaît plus sur nos places publiques qu'à de rares intervalles et comme un spectacle que la justice a honte de donner. »
> — LÉON FAUCHER, 1836. —

« Aujourd'hui, 11 juin 1851. Charles Hugo, défendu par son père, Victor Hugo, a été condamné à six mois de prison pour avoir écrit, sous la République, ce que M. Léon Faucher avait pu écrire impunément sous la Monarchie.

« M. L.-N. BONAPARTE, *président de la République* ;

« M. ROUHER, *ministre de la justice* ;

« M. LÉON FAUCHER, *ministre de l'intérieur.*

« Sur un tombeau, une date suffit.

« La liberté, en France, n'existe plus.

« Si je disais ce que m'a fait éprouver cette audience d'où je sors, j'irais rejoindre dans leurs prisons Nefftzer, le gérant de la *Presse* ; Charles Hugo, le rédacteur de l'*Événement.*

« Je dois me taire, car je pressens que j'aurai un autre rôle à remplir que celui d'accusé.

« A mon tour, j'aurai à remplir le rôle de juge.

« Je me tais donc. EMILE DE GIRARDIN,

« *Représentant du peuple.* »

Le National : « Nos prévisions ont été trompées. Le Cour d'assises vient de condamner M. Charles Hugo à six mois de prison et 500 fr. d'amende. Ce jugement, que nous devons respecter, mais qui nous étonne et qui nous afflige, sera accueilli avec tristesse par la presse tout entière.

« M. Charles Hugo est le plus jeune des rédacteurs de l'*Événement* ; il combat sous les drapeaux de la République avec l'ardeur et la passion généreuse que donnent des convictions enthousiastes ; mais, s'il a apporté dans la critique d'une peine prescrite par nos lois une énergie de langage qui seule a pu motiver sa condamnation, personne ne saurait mettre en doute la loyauté de ses intentions et du but qu'il voulait atteindre.

« M. Victor Hugo a défendu son fils avec une admirable éloquence. Sa défense de l'*Événement* prendra place parmi les meilleurs discours de l'illustre poëte, tant pour la grandeur des idées que pour l'incomparable éclat de la forme dont il a su les revêtir.

« L'éloquence de M. Victor Hugo a échoué devant le verdict du jury ; mais, si nous ne protestons jamais contre les décisions de la justice, il nous sera permis d'offrir à l'*Événement* l'expression de nos regrets sympathiques, sûrs d'ailleurs que nos sentiments sont ceux de tous les républicains envers un journal qui sert avec tant de vaillance et de talent la cause de la démocratie.

« M. Erdan, sur l'habile et éloquente plaidoirie de Mᵉ Crémieux, a été renvoyé des fins de la plainte. THÉOD. PELLOQUET. »

Le Siècle : L'*Evénement* vient d'être condamné à six mois de prison. Un article de ce brillant défenseur de la cause démocratique, improvisé au sujet de l'exécution du brigand Montcharmont, avait été saisi. La cause était appelée aujourd'hui devant la Cour d'assises de la Seine. Une foule nombreuse et choisie encombrait la salle de l'audience et le prétoire.

« L'auteur de l'article incriminé, M. Charles Hugo, jeune écrivain rempli de verve, de courage et de talent, a déjà su, à l'âge de vingt-quatre ans à peine, se conquérir dans la presse une place distinguée. A côté de lui, comme défenseur, il avait son père, le poète illustre des *Orientales* et de *Notre-Dame de Paris*.

« Cette circonstance excitait le vif intérêt de l'auditoire. Ce qui y ajoutait encore, c'est que M. Victor Hugo n'était pas là tant pour défendre un fils que pour défendre une de ses idées les plus chères.

« Depuis plus de vingt ans, l'auteur du *Dernier jour d'un Condamné* a constamment attaqué, avec la puissance de son magnifique talent, la peine de mort.

« Après l'habile plaidoirie de Mᵉ Crémieux, qui défendait M. Erdan, gérant de l'*Evénement*, lequel a été acquitté pour son compte personnel, M. Victor Hugo a pris la parole, et, dans une éloquente improvisation, s'est efforcé d'établir d'abord qu'on peut toujours discuter une loi. Il a fait ensuite le tableau de ce qu'est en elle-même l'application de la peine de mort. Jamais la parole vibrante et accentuée du grand écrivain n'avait été plus élevée ni plus émouvante que lorsqu'il a montré les inconvénients de cette terrible peine.

« M. Charles Hugo n'en a pas moins été condamné à six mois de prison et 500 fr. d'amende.

« Cette condamnation, frappant un écrivain si jeune, et dont le sincère et loyal enthousiasme ne pouvait faire doute pour personne, nous a paru causer généralement une sensation pénible. On ne se permettait point de discuter le verdict ; on cherchait à en comprendre la portée.

« FRANCIS RIAUX. »

La République : « Hier, le rédacteur du *Messager de l'Assemblée*, M. Eugène Forcade, était condamné, par le jury de la Seine, à trois mois de prison et à 500 fr. d'amende ; aujourd'hui, le citoyen Charles Hugo, rédacteur de l'*Evénement*, a été condamné, par le même jury, à six mois de prison et à 500 fr. d'amende !...

« Nous devons respecter la chose jugée ; les arrêtés de la justice sont inattaquables. Mais il nous est permis d'être surpris de la condamnation rigoureuse qui vient de frapper un jeune écrivain, un de nos confrères, coupable d'avoir écrit un éloquent plaidoyer contre la peine de mort.

« Le citoyen Charles Hugo a été condamné pour avoir attaqué la loi qui maintient la peine de mort ; le jury a entendu faire respecter cette loi en rendant un verdict de culpabilité. Nous nous inclinons. Mais dira-t-on encore que les républicains sont des *buveurs de sang*, qu'ils veulent relever l'échafaud politique, quand ils protestent contre la guillotine, même au péril de leur liberté ?

« Le rédacteur de l'*Evénement* a été admirablement défendu par son illustre père, le citoyen Victor Hugo, et par un célèbre avocat, le citoyen Crémieux.   EUGÈNE BARESTE. »

Le Charivari : « M. Victor Hugo défendait son fils, et Mᵉ Crémieux s'était chargé de la défense de M. Erdan. Nous ne dirons rien de l'effet produit par les deux orateurs. La grande chose qu'ils défendaient les a trouvés naturellement à sa hauteur.

« La sévère, et qu'il nous soit permis d'ajouter, l'honorable condamnation qui vient de frapper M. Charles Hugo doit donner une force nouvelle à la lutte contre la peine de mort.   TAXILE DELORD. »

Le Messager de l'Assemblée : « Nous ne pouvons annoncer sans émotion le sévère arrêt qui a frappé aujourd'hui l'un des principaux rédacteurs de l'*Evénement*. M. Charles Hugo a été condamné à six mois de prison et à 500 fr. d'amende. Quelle est donc l'ère qui s'ouvre pour la presse? Nous nous inclinons, sans doute, devant les arrêts de la justice; mais croit-on que la politique qui appelle de pareilles sévérités soit une politique favorable à la cause de l'ordre et ne soit pas de nature à exciter dans l'opinion publique une dangereuse réaction?

« Hier, en quittant le banc des accusés, où allait me remplacer M. Charles Hugo, j'espérais qu'il serait plus heureux que moi. L'article pour lequel il était poursuivi n'était point un de ces articles politiques qui excitent les ressentiments impitoyables des partis. C'était la discussion d'une thèse philosophique qui a occupé, depuis Beccaria, les criminalistes les plus éminents.

« M. Charles Hugo avait écrit un chaleureux plaidoyer contre la peine de mort. S'il s'était trompé, tout ce qu'on pouvait lui reprocher, pensions-nous, c'était d'avoir épousé une illusion généreuse, avec cette ardeur qui est aussi la générosité de la jeunesse. Il en a été jugé autrement. Nous respectons la chose jugée. Mais nous ne pouvons dissimuler la douleur que nous éprouvons en voyant trompés les vœux que nous formions hier pour M. Charles Hugo, et la confiance que nous avions dans son acquittement.   EUGÈNE FORCADE. »

La Gazette de France : « Une des plus grandes questions qui agitent les sociétés modernes, la question de l'abolition ou du maintien de la peine de mort, a été portée aujourd'hui à la barre de la Cour d'assises.

« Avec M. Hugo, le débat ne pouvait garder longtemps les proportions modestes qu'il avait tenues jusque-là. M. Hugo a fait de l'abolition de la peine de mort, comme il l'a dit, l'œuvre de sa vie, et, si son fils est coupable, il est surtout coupable d'avoir continué la tradition de son père. Le débat n'a donc pas tardé à s'élargir, et la peine de mort elle-même a été mise en cause.

« Devant la chose jugée, nous ne savons que nous incliner, et nous ne discutons jamais.

« Nous le croyons, moins on fera de procès de cette nature, mieux on fera. Une condamnation, dans les questions de cette espèce, n'est ni une preuve, ni un argument, et, avant comme après, la question reste en discussion. Ce qui peut troubler le paix publique est, suivant nous, la seule chose qui, en matière de presse, devrait provoquer les sévérités du parquet.

« Nous le répétons, nous ne savons que nous incliner devant la chose jugée, et nous ne la discutons pas. Mais, en vérité, nous nous sommes demandé bien des fois ce que la paix publique pouvait gagner à la condamnation de MM. Forcade et Hugo. Jusqu'ici, notre raison n'a pu nous le dire.   J. MARIE TIERGOU. »